ANDRÉ PICARD

Le Protecteur

COMÉDIE EN UN ACTE

PARIS
LIBRAIRIE THÉATRALE
30, RUE DE GRAMMONT, 30

1905

LE PROTECTEUR

COMÉDIE EN UN ACTE

Représentée, pour la première fois, au Théâtre des MATHURINS, le 9 Février 1904.

DU MÊME AUTEUR

Le Cuivre, pièce en 3 actes, (en collaboration avec M. Paul Adam.)
La Confidente, pièce en 3 actes.
Franchise, comédie en 1 acte.
Un amant délicat, comédie en 1 acte.
Bonne Fortune, comédie en 2 actes.
Monsieur Malézieux, comédie en un acte.

ANDRÉ PICARD

LE PROTECTEUR

COMÉDIE EN UN ACTE

PARIS
LIBRAIRIE THÉATRALE
30, RUE DE GRAMMONT, 30

1905

PERSONNAGES

FÉLIZET . . . . MM. P. PLAN.
EDMOND TAULET . . . . A. BRULÉ.
AUGUSTE, valet de chambre.
JULIETTE VERDIER . . . . Mlles CHEIREL.
ANITA, femme de chambre.

LE PROTECTEUR

Un salon très élégamment meublé et avec goût.

SCÈNE PREMIÈRE

EDMOND, ANITA.

Au lever du rideau, la scène est vide. La pièce est entièrement plongée dans la nuit. Une seule bougie allumée sur la cheminée.

Edmond entre, suivi par Anita. Il a sous sa pelisse un complet de voyage.

EDMOND, se débarrassant de sa pelisse.

Et comment est-elle? Comment a-t-elle supporté cela ?

ANITA, le débarrassant.

Oh ! pas bien, pas bien, comme monsieur pense ! C'était hier l'enterrement. La pauvre madame n'a pas fermé l'œil de la nuit... Ce matin elle a eu encore une petite attaque de nerfs; elle sanglotait ; elle appelait monsieur... « Edmond, Edmond !... » qu'elle faisait. Ah ! monsieur Edmond lui a bien manqué dans ces moments-là !

EDMOND, ému.

Pauvre petite ! Allez vite lui dire que je suis là, ma bonne Anita !

Anita sort. Edmond reste seul en scène. Il regarde autour de lui. Il trouve que la pièce est triste. Il tire de sa poche des allumettes et allume une lampe. La scène s'éclaire. On aperçoit dans le fond un portrait d'homme entouré d'un crêpe. Edmond qui a gardé son chapeau sur sa tête, se découvre machinalement en le regardant. Il va pour s'asseoir dans un fauteuil au coin du feu. A ce moment, Juliette entre. Elle est en grand deuil. Elle se jette dans les bras d'Edmond en sanglotant.

SCÈNE II

EDMOND, JULIETTE.

JULIETTE, sanglotant.

Edmond, Edmond, Edmond !

EDMOND, doucement, avec compassion.

Ma chérie, ma pauvre chérie !

JULIETTE, avec un redoublement de sanglots.

Ah ! Edmond... Edmond !

EDMOND, de même.

Ma pauvre petite cocotte... (Un temps.) Allons, allons, calme-toi !

JULIETTE.

C'est de te revoir... Quand je pense qu'avant ton

départ... et que maintenant... ça me... ça me... (Sanglots. Edmond gêné de la tenir aussi longtemps dans ses bras cherche des yeux autour de lui un fauteuil et desserre son étreinte. Se serrant contre lui.) Non, garde-moi ! garde-moi dans tes bras.

EDMOND.

Oh ! je te garde, je te garde. (Il attire un pouf avec le pied et s'assied dessus avec Juliette sur ses genoux.) C'est que je suis un peu fatigué. Tu comprends, j'ai vingt-quatre heures de chemin de fer dans les jambes, et une nuit blanche... Oh ! ça ne fait rien, mais je t'explique... Au reçu de ton télégramme, j'ai liquidé précitamment mes affaires, donné toutes les signatures pour la succession de l'oncle Antoine et puis sauté dans le rapide... Seulement, il y a un bout de chemin de fer de Grasse à Paris. Enfin me voilà.

JULIETTE, avec émotion.

Oui, te voilà... Ah ! Edmond ! Edmond !

EDMOND, plus calme.

Ma chérie !... Allons, calme-toi un peu. (Un temps.) Et, dis-moi... Comment est-ce arrivé ?

JULIETTE.

Tout d'un coup... c'est arrivé tout d'un coup !

EDMOND.

Il avait cinquante-deux ans, je crois.

JULIETTE.

Non, cinquante-sept !... Il m'avait toujours dit cinquante-deux. Il se rajeunissait... par délicatesse. Mais sur l'état-civil on a vu qu'il avait cinquante-sept.

EDMOND, la regardant avec un peu d'ironie.

Alors, tu as pris le deuil... le grand deuil... le deuil des veuves...

JULIETTE.

Naturellement... Ça te déplaît?

EDMOND.

Le noir, à la rigueur... Mais le crêpe me paraît un peu exagéré.

JULIETTE, avec une grimace de sanglots.

Il y a des femmes qui en portent plus long et qui ont moins de regrets.

EDMOND.

Enfin, tu comptes sortir avec moi ainsi habillée?

JULIETTE.

Tu es en deuil aussi.

EDMOND.

De mon oncle Antoine, parfaitement... (Insistant.) C'était mon oncle!

JULIETTE.

En nous voyant ensemble, on pourra croire que nous sommes en deuil de la même personne.

EDMOND, sursautant.

De feu M. Revillod? Ce sera charmant! (Sèchement.) Juliette, mon enfant, je regrette de te le dire, mais tu manques de tact, tu manques de tact!

JULIETTE, s'irritant.

Et toi, tu manques de cœur!

EDMOND.

Que tu aies des regrets, soit, je le comprends...

JULIETTE.

C'est bien heureux!

EDMOND.

Mais pas tant que cela, pas tant que cela!... Ça m'agace. Il ne tenait pas tant de place dans ta vie!

JULIETTE.

Qu'en sais-tu ?

EDMOND.

C'est toi qui me l'as dit. Tu avais pour lui une affection raisonnable... Enfin... enfin depuis des années, c'était un père pour toi. C'est encore toi qui me l'as dit.

JULIETTE.

On dit toujours cela !

EDMOND, avec colère.

Ce n'était pas un père ?

JULIETTE, embarrassée.

Si... non... Enfin ça dépendait des jours ! (Mouvement d'Edmond.) Ah ! tu n'as plus à être jaloux... (Avec tristesse.) Il est mort !

EDMOND.

Il est mort, oui, mais toi, tu vis. Et moi aussi... Enfin a-t-on jamais vu une femme se faire consoler par son amant de cœur, de la mort de son protecteur ! Ça ne se fait pas !

JULIETTE, avec conviction.

Mais si ça se fait. Seulement ça ne se dit pas. Alors ça ne se sait pas.

EDMOND, avec colère.

C'est possible ! En tous cas, moi je ne veux plus en entendre parler de M. Revillod, de feu M. Revillod. J'en ai assez de M. Revillod.

JULIETTE.

Qu'est ce qui te prend ? Je ne t'ai jamas vu comme cela.

EDMOND.

Tiens !... Pourquoi m'as-tu dit qu'il n'était pas un père ? Pourquoi me l'as-tu dit ?

JULIETTE, soupirant.

D'ailleurs, tu n'as jamais pu le souffrir, le pauvre homme. Tu as toujours été jaloux de lui. Et tu n'avais pas de droits. Lui, il en avait. Et il n'était pas jaloux de toi.

EDMOND, stupéfait.

Il savait donc...

JULIETTE.

Il savait qu'il était vieux et que j'étais jeune. Il comprenait les femmes et connaissait la vie... Il n'avait pas de certitudes, il ne tenait pas à en avoir. Mais il se doutait...

EDMOND.

Ah ! c'est complet !

JULIETTE.

Hé ! bien, crois-moi si tu veux. Il ne t'a jamais vu que de loin, mais il t'appréciait...

EDMOND.

Très reconnaissant !

JULIETTE.

Plus d'une fois il me l'a dit : il te trouvait gentil !

EDMOND, hors de lui.

Très flatté !... Ainsi, il savait... il savait... Ah ! je comprends maintenant pourquoi je n'ai jamais pu le regarder en face, et cette espèce de sourire indulgent et goguenard qu'il avait et qui me mettait en colère. Il se fichait de moi... Et il se fiche encore de moi sur tous ces portraits. Et y en a-t-il, bon Dieu ! y en a-t-il! (Regardant autour de lui et les désignant.) Revillod en pied, Revillod en buste, Revillod petit format, Revillod grand format, Revillod en redingote, Revillod en robe de chambre !... (Montrant le portrait.) Revillod enfin, peint par Bonnat avec toutes ses croix !... Et partout son sacré petit sourire de monsieur qui, comme tu dis, comprenait les femmes, connaissait la vie et se fichait de moi ! Flûte ! je l'ai assez vu !... Tu vas me mettre tous ces petits Revillod dans un tiroir, et ce grand au grenier !

JULIETTE, avec fermeté.

Non !

EDMOND.

Non ?

JULIETTE, se remettant à pleurer.

Edmond, tu me fais beaucoup de peine.

EDMOND.

Et à moi, crois-tu que tu fais plaisir en te lamentant et en trempant une douzaine de mouchoirs en l'honneur de ce vieux monsieur...

JULIETTE.

Hé ! bien, oui, je l'aimais. Après ?... Je ne l'ai jamais proclamé, ce n'était pas la peine. Mais je ne l'ai jamais caché. Oui, je l'aimais. Pas comme toi !.. Autrement !... Oui, je le regrette de toutes mes forces à l'heure qu'il est. Et j'en suis fière. Et tu devrais en être fier aussi, car ce serait d'une petite femme pas propre, s'il en était autrement. (Se lamentant.) Mon Dieu, que la vie est mal faite et que vous êtes donc bêtes ! Mais vous devriez les bénir, ces hommes-là : ils donnent du bonheur à vos maîtresses, et elles vous le rendent.

EDMOND.

On aimerait mieux ne rien leur devoir.

JULIETTE.

En tous cas, mon petit, prends-y garde, je ne te permettrai plus de me parler ainsi d'un homme exquis, qui m'a rendue heureuse pendant huit ans, qui m'aimait, m'estimait, auquel je dois tout et qui me laisse en mourant dix mille francs de rente !

EDMOND, sursautant.

Dix mille... Fichtre !

JULIETTE, fièrement.

Tu dis ?

EDMOND.

Je dis : fichtre !

JULIETTE.

Sans compter les bijoux... Est-ce d'un homme qui ne savait pas se conduire ? Faut-il toujours monter son portrait au grenier ?... (Silence embarrassé d'Edmond. — Avec indulgence.) Vois-tu, Edmond, je te l'ai dit souvent. Tu es, en bien des choses, un enfant. Tu parles, tu agis en enfant... Oh ! ne t'en défends pas, c'est un peu pour cela que je t'aime : mais laisse-moi conduire ma vie à ma façon.

EDMOND, se levant.

Hé ! bien, que comptes-tu faire, à présent ?...

JULIETTE, posément.

J'ai le temps d'y penser. Je n'y ai pas encore beaucoup réfléchi.

EDMOND.

Moi, j'y ai réfléchi déjà... oui, dans le train... et je vais te dire...

JULIETTE, souriant.

Des bêtises, mon chéri, des bêtises...

EDMOND.

Ah! tu m'agaces avec ton petit ton... Je suis un homme!

JULIETTE.

Non, mon coco...

EDMOND.

Ose dire en me regardant en face que je ne suis pas un homme...

JULIETTE.

Non, tu... (Edmond la prend vigoureusement contre lui.) Oh! parbleu, si tu l'entends comme cela... Edmond!.. Edmond!.. veux-tu... (Elle lui tape sur les doigts en riant.) Là! tu me fais rire... et dire des bêtises... Aujourd'hui, c'est très mal... Laisse-moi tranquille, grand bêta et va t'asseoir...

EDMOND, s'asseyant près d'elle.

Hé! bien, oui, j'ai réfléchi dans le wagon, et tout en m'attristant de ton chagrin, je ne pouvais tout de même pas dominer ma joie, à la pensée que j'allais t'avoir enfin à moi seul!

JULIETTE.

Ça y est!... Voilà les bêtises qui commencent!

EDMOND.

Comment, les bêtises?... Revillod est mort. Je le remplace. Avec les trois cent mille francs que m'a laissés mon oncle Antoine, je vais acheter l'étude de mon patron, chose convenue depuis longtemps...

JULIETTE.

Je te l'ai conseillée.

EDMOND.

Me voici avoué, homme posé, sérieux... Je mets ma petite Juliette dans mes meubles... dans ses meubles! Voilà... Quelle objection as-tu à faire?

JULIETTE.

Une seule! Mais capitale. Je ne veux pas recevoir un sou de toi!

EDMOND, lui prenant les mains.

Ma petite Juliette, tu m'as assez prouvé ton désintéressement depuis cinq ans. Je m'en suis félicité quand je n'avais rien. Maintenant que j'ai quelque chose, je trouverais honteux d'en abuser... Je t'aimerai autant, sois tranquille, en subvenant à tes besoins.

JULIETTE.

Toi, c'est possible, mais moi?...

EDMOND, riant.

Tu ne m'aimeras plus, le jour où je te donnerai de l'argent.

JULIETTE.

Je t'aimerais autrement.

EDMOND, rembruni.

C'est sérieux?

JULIETTE.

Profondément!... Et même je ne t'aimerais peut-être plus du tout!... Tu sais comme je suis maniaque. Ça troublerait toutes mes habitudes. Ça les troublerait trop. Je ne saurais plus que faire de toi... Oh! mais sois tranquille et ne fais pas cette tête, ça n'arrivera pas...

EDMOND.

Mais pourtant...

JULIETTE, d'un ton net et pratique.

Combien me donnerais-tu? Le loyer ici est de cinq mille. On dépense quarante mille dans la maison.

EDMOND.

Tu te réduiras.

JULIETTE.

Non. Tu en souffrirais... En outre, t'engagerais-tu à ne jamais me quitter, à ne jamais te marier?

EDMOND, embarrassé.

Mais...

JULIETTE, achevant.

Mais non, va... L'homme sérieux de ma vie, il me le faut plus sérieux que toi... (Caressante.) Toi, tu resteras mon Edmond chéri... mon Edmond aimé... mon petit Edmond, enfin!

EDMOND, résolu.

Non, je ne veux plus être ton petit Edmond.

JULIETTE.

Tu ne veux plus?

EDMOND.

Je ne veux plus!

JULIETTE.

Hé! bien, tu le seras tout de même... et pas autre chose.

EDMOND.

Nous verrons.

JULIETTE.

Mon chéri, je suis une femme d'habitudes, je te le répète! Hé! bien j'ai toujours eu à la fois un ami sérieux et un amant de cœur. C'est mon minimum et mon maximum. Je n'ai jamais pensé à rien changer à cette façon de vivre qui est excellente. Et voilà que tu me proposes d'être à la fois mon ami sérieux et mon amant de cœur. Car n'est-ce pas, tu n'accepterais pas de devenir seulement mon ami et que je...

EDMOND.

Juliette!

JULIETTE.

Chéri, je n'en ai aucune envie. Et pourtant ça arriverait, si j'avais la faiblesse ou la sottise de te prendre au mot. Et alors, écoute bien cela, toi le jeune, je te tromperais avec un vieux!

EDMOND, abasourdi.

Celle-là!...

JULIETTE.

Ça t'humilierait, hein!... Mais ce serait ainsi. Ecoute, Edmond, nous nous aimons tous les deux, parce que je... parce que tu... (Elle l'embrasse dans le cou.) Nous nous comprenons. Tu es mon amant et je t'adore!... Mais je n'ai besoin que de tes caresses, que de tes jolies phrases, que de...

EDMOND, un peu humilié.

Tu ne me mets pas bien haut!

JULIETTE.

Je te mets où il faut. Imbécile, c'est la bonne place! « * Et toi non plus, tu n'as pas besoin de moi. » Tu es jeune. Si tu ne m'aimais pas comme tu m'ai- » mes, tu pourrais me remplacer demain...

* Les passages entre guillemets ont été supprimés à la représentation.

EDMOND.

» Pas de danger!

JULIETTE.

» J'espère bien. J'ai dit que tu pourrais le faire, » pas que tu le ferais... Enfin nous ne tenons l'un à » l'autre que par notre désir mutuel, notre amour ré- » ciproque. Et c'est énorme, mais ce n'est pas tout... » Il y a dans mon cœur toute une partie que tu ne » soupçonnes pas et que tu n'as pas encore décou- » verte, parce que tu n'en as encore jamais eu besoin. » Et quand tu en auras besoin, ce n'est plus chez moi » malheureusement que tu la verras. Car tu ne seras » plus un gigolo, mon Edmond.

EDMOND.

» Dis donc!

JULIETTE.

» Et moi je serai retirée des affaires, après fortune » faite, espérons-le!... Ce côté de mon cœur, de no- » tre cœur à toutes, c'est peut-être le meilleur... et » comme il y a un bon Dieu et une justice... c'est » celui qui nous rapporte le plus! C'est le côté sé- » rieux, côté de la pitié, du dévouement actif, des » consolations à offrir...

EDMOND, railleur.

» Des faiblesses à soutenir!

JULIETTE.

» Des infirmités à soigner!

EDMOND.

» C'est dégoûtant!

JULIETTE.

» C'est magnifique!... Les honnêtes femmes recueil- » lent de pauvres orphelins...

EDMOND.

» Et vous de riches vieillards!

JULIETTE.

» Qui a le plus de mérite? nous faisons une bonne » œuvre aussi. Et souvent, nous avons plus de mal.

EDMOND.

» Vous en êtes récompensées.

JULIETTE.

» Tant mieux! Mais nous ne la faisons pas que » pour cela. Moi du moins!... Quand ce pauvre Re- » villod...

EDMOND.

» Ah! non, ne parlons pas de M. Revillod.

JULIETET, supérieure.

» Mon pauvre chéri, tu devrais bien être un peu » plus raisonnable!... Enfin ça me passionne, moi, de » soigner, de bercer, d'endormir... Souvent, j'ai trouvé » plus de goût à tes baisers, en sortant de sa chambre » de malade. Il était le devoir, et toi la distraction, » l'exquise distraction! Ses conversations souvent gra- » ves donnaient du prix à tes bêtises. Si tu m'avais » trompée, il m'aurait sûrement consolée avec adresse. » Et depuis que tu es arrivé, je sens moins le chagrin » qu'il soit parti. Comprends-tu maintenant pourquoi » tu ne peux pas le remplacer? Si j'aimais mon pro- » tecteur, c'est qu'il était surtout mon protégé! »

EDMOND.

Ainsi donc, voilà ce que tu prétends faire? Donner à feu M. Revillod, un successeur qui ne sera pas moi!

JULIETTE.

Dame!

EDMOND.

Je ne le souffrirai pas!

JULIETTE.

Mais si!

EDMOND.

Mais non!

JULIETTE, riant.

Mais si... Et si je veux en prendre la peine, mon vieil Edmond, tu ne t'en apercevras seulement pas... Je te le ferai passer comme une mauvaise potion aux enfants, en te disant : ferme les yeux!... ça n'a pas de goût!

EDMOND.

Nous verrons!

JULIETTE.

C'est ça! Nous verrons... (Souriant.) Tu verras!

EDMOND, se levant.

Oui... En attendant, ma chérie...

JULIETTE.

Tu t'en vas? Tu es fâché contre moi?

EDMOND.

Pas du tout. Je m'en vais parce que je suis forcé...

JULIETTE.

Ah! non, merci, j'ai passé assez de soirées lugubres depuis quelques jours. Tu ne vas pas me laisser seule. Tu vas dîner avec moi.

EDMOND.

Je ne demanderais que cela, ma pauvre petite loute, mais c'est impossible. J'ai invité quelqu'un à dîner... un vieil ami de ma famille.

JULIETTE.

Un vieux ?

EDMOND.

Un vieux, non... Je dis vieil ami, parce qu'il y a longtemps que nous nous connaissons. Oh ! il n'est pas jeune non plus. Entre deux âges. M. Felizet est un gros industriel de Grasse; il s'est retiré des affaires depuis la mort de sa femme et vient s'installer à Paris.

JULIETTE, intéressée.

Ah ! (Un temps.) Il est riche ?

EDMOND.

Très riche.

JULIETTE.

Gentil ?

EDMOND.

Un brave homme ! Qu'est-ce que ça peut te faire ?... Enfin, nous avons voyagé ensemble. Il se cramponne à moi. Et j'ai dû bon gré, mal gré, lui promettre ma soirée... Oh ! jusqu'à neuf heures seulement ! Car à neuf heures, j'ai un rendez-vous de la dernière importance avec mon patron...

JULIETTE.

Au sujet de l'étude ?

EDMOND.

Précisément. Rien ne m'y fera manquer... (Tendrement.) Mais vers minuit, si tu veux, je pourrais revenir, et...

Il lui passe un bras autour de la taille, amoureusement.

JULIETTE, se dégageant.

Non. Edmond, pas ce soir.

EDMOND.

Pourquoi?

JULIETTE, *grave.*

Ce ne serait pas bien.

EDMOND.

Ah!... Deuil?

JULIETTE.

Sois gentil. Tu n'auras pas à t'en repentir. Je saurai te récompenser... plus tard... Mais il me semble que voici un moyen de contenter tout le monde, moi... toi, j'espère... et même le vieil ami de ta famille. Il ne faut pas mécontenter les vieux amis de la famille! Tu vas lui faire dire que tu l'attends à dîner.

EDMOND.

Ici?

JULIETTE.

Mais oui, ici. Nous dînerons ici, tous les trois.

EDMOND.

Tu n'y songes pas!...

JULIETTE.

Naturellement, tu ne lui diras pas ce que je suis pour toi... Tu sais combien je tiens à ta discrétion envers tout le monde, l'importance que j'y attache...

EDMOND.

Oui... oh! je suis habitué. Tu m'as formé... Ne me disais-tu pas qu'à la première indiscrétion tu me quitterais?... Tu ne l'aurais pas fait!

JULIETTE, *nettement.*

Je l'aurais fait. Je le ferais encore, quels que soient mon chagrin, et mon regret... je le ferais. Tu sais que j'ai des principes! (*Un temps.*) Enfin bref, tu dînes chez une dame de tes amies qui l'invite sur ta prière. C'est simple.

EDMOND.

En effet.

JULIETTE.

Tu vas lui écrire un mot que nous ferons porter par Auguste... (Elle sonne.) Où t'attend-il?

EDMOND.

A la pâtisserie... En face!

JULIETTE.

En face?... C'est encore plus simple. Ils ont le téléphone. Tu vas téléphoner.

Auguste entre. — Vieux. Très bonne tenue.

EDMOND.

Je veux bien! Après tout, je veux bien.

Il cherche le numéro dans l'annuaire.

JULIETTE.

Auguste, le téléphone!

Auguste apporte l'appareil à Edmond avec un sourire respectueux, mais amical.

EDMOND, l'apercevant à ce moment.

Tiens!... Bonjour, Auguste.

AUGUSTE.

Monsieur Edmond est revenu? Monsieur Edmond a fait bon voyage?

EDMOND, la bouche au récepteur.

Oui, Auguste. Oui, Auguste... Allô... 716.37, mademoiselle!

AUGUSTE.

Monsieur Edmond a perdu monsieur son oncle. Que monsieur Edmond me permette de lui exprimer mes condoléances!

EDNOND.

Merci, Auguste. (Auguste sort. Sonnerie au téléphone.) Ah! La pâtisserie Roumaine? bon!... Ecoutez, mademoiselle... Il doit y avoir là depuis un quart d'heure, un monsieur qui attend... Vous dites?... Il y en a plusieurs?... (A Juliette.) Allons bon, il y en a plusieurs...

JULIETTE.

Ça ne m'étonne pas. Les demoiselles sont très jolies!

EDMOND.

Allô... Mon monsieur est d'un certain âge... assez bien de sa personne... S'il a du ventre? Hé! hé!... (Il rit.) un petit, tout petit bedon... Ah! ah! vous êtes très drôle, mademoiselle, mais ne perdons pas de temps... Il a une figure réjouie, des cheveux poivre et sel, des moustaches, un teint coloré, une grosse chaîne de montre, l'air... ne lui répétez pas cela... l'air un peu province. De l'accent!... Ah! vous le voyez. Bien... (A Juliette, qui a écouté très intéressée.) Elle va le chercher. Elle est très intelligente!... Allô, c'est vous monsieur Félizet?... (Mouvement de surprise.) Oh! pardon, monsieur, mille fois pardon!... C'est par erreur... On s'est trompé... Vous dites?... A qui ai-je l'honneur?... Oh! vraiment... (Se levant et s'inclinant, très aimable.) Pardonnez-moi, prince... Je suis confus, prince... Trop aimable... Vous voulez savoir?... Edmond Taulet... Mais moi aussi, prince, enchanté d'avoir fait votre connaissance... J'espère bien... Vous voulez bien rappeler la jeune fille... Je suis confus, prince... Merci, prince... (A Juliette, avec importance.) C'est le prince Bacoulowitch!... La jeune fille a confondu à cause de l'accent... D'ailleurs, il est charmant. J'ai cru qu'il allait m'inviter à dîner. (Un temps au téléphone.) Allô! mais non, mademoiselle, mais non, ce n'était pas celui-là!... Vous en avez prévenu un autre?... Tâchez que ce soit le bon!... Un gros qui vous a dit des bêtises... Hé! Hé! ça se pourrait bien... (s'asseyant.) Ah! c'est vous, monsieur Félizet... (Juliette a pris un des récepteurs.) Il paraît que vous vous conduisez bien dans cette pâtisserie... C'est du joli... Enfin!... Ecoutez, traversez la rue, entrez au 33, prenez l'ascenseur. Sonnez au premier. On vous introduira. Je vous attends... Non, pas d'explications par le téléphone... Vous verrez... Bien sûr nous dînons ensemble... Je vous attends... Dépêchez-vous!

Il raccroche le récepteur.

JULIETTE, souriante.

Il y a une voix très sympathique!

Elle sonne.

EDMOND.

Oh! c'est un très brave homme.

Auguste entre.

JULIETTE.

Auguste, vous introduirez directement le monsieur qui va sonner... Ah! et puis vous mettrez le couvert ici sur la petite table... Nous dînons ici, n'est-ce pas?.. pas dans cette grande salle à manger!

EDMOND, regardant sa montre.

Oui, oui... Sapristi!... Tu sais l'heure? Huit heures et quart. Qu'on se dépêche!

JULIETTE.

Sois tranquille... Il va me distraire, le vieil ami de la famille.

EDMOND.

Il n'est pas ennuyeux... un peu commun! (On sonne.) Ah! c'est lui...

JULIETTE.

Je vais m'arranger un peu, dis donc!

EDMOND.

Pour lui?... Ce n'est pas la peine!

JULIETTE.

C'est toujours la peine! (Sur la porte.) Et surtout qu'il ne sache pas...

EDMOND, riant.

Sois tranquille... Tu ne seras pas compromise!

Elle sort. Félizet entre, introduit par Auguste avec déférence. Mine correspondante au signalement donné par Edmond. Un peu intimidé d'abord, comme quelqu'un qui ne sait où il se trouve.

SCÈNE III

FÉLIZET, EDMOND.

FÉLIZET, à Edmond.

Ah! ça... où me fais-tu venir?

EDMOND.

Vous êtes chez quelqu'un de très bien... soyez tranquille!

FÉLIZET, regardant autour de lui.

Je n'en doute pas. Ça se voit!... C'est très chic!

EDMOND.

Je vous crois.

FÉLIZET.

On peut tout de même s'asseoir?

EDMOND.

J'allais vous en prier!

FÉLIZET.

Bon! (Il s'assied, enlève ses gants, puis à la réflexion, les remet.) On est chez un monsieur?... une dame?

EDMOND.

Une dame... une dame de mes amies...

FÉLIZET.

Mariée?

EDMOND.

Non.

FÉLIZET.

Veuve?

EDMOND.

Oui... non... pas précisément.

FÉLIZET.

Du monde?

EDMOND, hésitant.

Du monde... Enfin... d'un certain monde...

FÉLIZET.

Je comprends!

EDMOND, vivement.

Non, vous ne comprenez certainement pas... Madame Juliette Verdier est une charmante jeune femme, très distinguée, très intelligente... vivant à part... pas du tout ce que vous pouvez croire!

FÉLIZET.

Enfin, je te félicite!

EDMOND.

Dispensez-vous en! Encore une erreur... C'est pour moi une délicieuse amie, mais rien qu'une amie... je vous le jure.

FÉLIZET.

Puisqu'elle est si charmante, je le regrette pour toi !

EDMOND.

Enfin, que voulez-vous ? Vous n'y pouvez rien !

Auguste entre avec Anita. — Tous deux apportent une table toute dressée.

FÉLIZET, regardant la table.

Alors, c'est ici qu'on dîne ?

EDMOND.

Oui !

FÉLIZET.

On dîne bien ?

EDMOND.

Mieux qu'au restaurant, soyez tranquille.

FÉLIZET.

Bravo ! (Auguste et Anita sortent.) Ah ! je suis de bonne humeur, moi !

Il se chauffe.

EDMOND.

Ah !... à ce propos, justement... Ne vous montrez pas trop gai. La maison est en deuil. On vient de perdre quelqu'un, il y a peu de jours.

FÉLIZET.

Qui ?

EDMOND, montrant le portrait.

Ce monsieur... Madame Verdier l'aimait beaucoup... C'était... (Embarrassé.) non, ce n'était pas... (Résolument.) mais si ! c'était un père pour elle...

FÉLIZET, rembruni.

Oh ! mais alors, dis donc... On va se raser. J'ai eu tort de monter...

EDMOND.

On ne se rasera pas.

FÉLIZET.

Tu comprends. J'aurais pu inviter de mon côté quelqu'un de plus gai... Il y avait justement là, à cette pâtisserie, une petite rousse... celle qui t'a téléphoné... Tu la connais?... (Edmond secoue la tête.) Non? Tant pis pour toi! Elle est très gentille.. Je suis sûr qu'elle n'aurait pas demandé mieux.

EDMOND.

Mais attendez donc. Vous avez bien le temps.

FÉLIZET.

On n'a jamais trop de temps, à mon âge. Il faut se dépêcher.

EDMOND.

Pas trop. Faites ici une petite halte hygiénique avant le départ... D'ailleurs à neuf heures tapant, je m'en vais chez mon patron, et je vous emmène...

FÉLIZET.

Bien entendu. Je t'attends pendant ta conférence... Et après, souviens-toi de ta promesse, tu me conduis dans des endroits... hé! hé!

EDMOND.

Vous y tenez toujours?... Enfin, soit. Seulement, je vous conduirai jusqu'à la porte, je n'entrerai pas!... Vous comprenez, moi, je n'ai pas votre âge!

Entre Juliette. Elle a changé de toilette. Robe sombre, mais élégante; plus de crêpes.

SCÈNE IV

LES MÊMES, JULIETTE, puis AUGUSTE.

FÉLIZET, saluant.

Madame...

EDMOND, présentant.

Juliette, je vous présente monsieur Félizet.

JULIETTE, la main tendue.

Oh ! j'ai tout de suite reconnu monsieur...

FÉLIZET, surpris.

Vraiment, madame?... Vous m'avez donc déjà vu ?

JULIETTE.

Non, mais je vous ai entendu... oui, au téléphone... et notre ami Edmond a fait de vous à la jeune fille de la pâtisserie...

FÉLIZET.

A la petite rousse, ah ! oui... (Intéressé.) Vous la connaissez?

JULIETTE.

Non... Edmond a fait de votre personne une description si exacte que vous ne pouviez être autrement que vous n'êtes... Je vous remercie d'avoir accepté ainsi, à l'improviste, mon invitation...

FÉLIZET, s'inclinant.

C'est moi, madame, qui... (Bas à Edmond.) Très distinguée !

JULIETTE.

Edmond vous a dit aussi sans doute que vous tombiez à un triste moment de ma vie...

FÉLIZET.

Oui, je sais, vous venez de perdre votre père...

EDMOND, vivement, le poussant.

Mais non, mais non.

FÉLIZET, se reprenant.

Enfin, ce monsieur... (Il montre le portrait.) qui vous servait de père...

JULIETTE.

C'était pour moi, un ami excellent, incomparable... D'ailleurs un homme...

EDMOND, ironique.

Plein de vertus!

JULIETTE.

Plein de qualités. Et j'aimais mieux cela. Les vertus, c'est pour tout le monde, les qualités, c'était pour moi!

FÉLIZET, qui s'est rapproché du portrait.

Je suis sûr qu'il en avait beaucoup. Ça se voit!

JULIETTE.

N'est-ce pas!

FÉLIZET.

Le portrait aussi est excellent.

JULIETTE, négligemment.

C'est un Bonnat.

FÉLIZET, enthousiaste.

C'est un chef-d'œuvre! Et je regrette de n'avoir pas connu ce monsieur peint par Bonnat. Je suis sûr qu'il m'aurait été fort sympathique.

JULIETTE.

Vous lui auriez certainement plu... Et, quant à moi, monsieur, vous auriez voulu faire tout de suite un grand pas dans mon amitié, vous ne m'auriez pas dit autre chose...

FÉLIZET.

Je dis ce que je pense.

EDMOND, *ironique.*

Les amis de son ami sont ses amis.

JULIETTE.

Edmond ne partage pas vos sympathies... Il trouve à monsieur Revillod, sur ce portrait, un sourire goguenard !

FÉLIZET, *se récriant.*

Goguenard ?... Oh !... Non, aimable, voilà tout, un sourire aimable...

EDMOND.

Aimable pour vous, c'est possible. Goguenard pour moi.

JULIETTE.

Et il me suppliait tout à l'heure de le faire monter au grenier.

FÉLIZET, *révolté.*

Un Bonnat au grenier ! Il est fou.

JULIETTE, *souriant.*

Il est jeune simplement.

FÉLIZET.

Il donne grand air à ce salon. Je vous supplie de le conserver !

JULIETTE.

Soyez sûr que je n'y manquerai pas.

FÉLIZET, poliment.

En tous cas, madame, ne vous gênez pas pour être triste.

JULIETTE.

Je sais ce que je vous dois, messieurs. Et je contiendrai mon chagrin jusqu'à ce que vous soyez partis.

FÉLIZET, poliment.

Nous partirons de très bonne heure... D'ailleurs, je sais ce que c'est qu'un deuil. J'ai moi-même perdu ma femme il y a trois mois.

JULIETTE, compatissante.

Edmond m'a déjà annoncé ce malheur... (Légère protestation de Félizet.) et vous ne trouverez personne dans une meilleure disposition pour vous plaindre...

FÉLIZET, tranquillement.

Je vous remercie, madame, mais il n'y a pas de quoi !... Non. Je n'ai jamais pu souffrir ma femme qui, de son côté me détestait. Notre désaccord était public et faisait l'objet de toutes les conversations... C'est fort curieux ! Nous avons vécu ensemble, vingt-cinq ans et durant ces vingt-cinq ans, nous n'avons jamais trouvé une heure pour nous entendre. C'est fort curieux !

JULIETTE.

Il fallait que madame Félizet eût bien mauvais caractère, car...

FÉLIZET.

Assez mauvais... Elle était surtout acariâtre et un peu chienne... Hé ! bien, quand je me lamentais, mes amis me disaient : « Taisez-vous, si vous venez à la perdre, vous verrez que vous aurez des regrets. »

C'était possible !... Je l'ai perdue. Depuis ce jour, je me suis observé avec curiosité. Hé! bien, madame, la vérité me force à dire que je n'ai pas eu de regrets. Et je n'en ai pas!

EDMOND, riant.

Excellent monsieur Félizet.

JULIETTE, riant aussi.

Mais c'est tout naturel dans ces conditions, monsieur.

FÉLIZET, avec satisfaction.

Elle m'a laissé à un âge en somme, raisonnable, ayant fait ma vie entière, des économies de toutes sortes.

JULIETTE.

Que vous allez dépenser!

FÉLIZET, avec bonne humeur.

Oh! j'ai déjà commencé à Grasse et à Nice. Mais là-bas, ça ne compte pas. Je vais m'installer ici à Paris. Et ça va être sérieux.

EDMOND, riant.

Ça va être fou!... Monsieur Félizet, vous allez être le veuf joyeux!

JULIETTE.

Monsieur Félizet, vous me plaisez beaucoup.

EDMOND.

Il vous amuse.

JULIETTE.

Il me plaît. C'est le mot que j'ai dit. C'est le vrai, c'est le seul.

FÉLIZET, avec enthousiasme.

Et moi, madame, vous me charmez. C'est le seul

aussi! Je vous trouve adorable. (Montrant Edmond.) Je comptais le lui dire à l'oreille, j'aime mieux le dire tout haut!

JULIETTE.

Hé! bien, nous voilà une paire d'amis.

Entre Auguste.

EDMOND.

Vous allez vite.

FÉLIZET.

Voilà comme nous sommes!

AUGUSTE.

Madame est servie!

JULIETTE.

A table, messieurs! (On s'installe, Juliette a Félizet à sa droite; Edmond à sa gauche. Le dîner est servi par Auguste pendant les répliques qui suivent.) Je ne sais pas trop comment vous allez dîner....

FÉLIZET, gaîment.

Fort bien, il paraît, madame. Edmond me l'a dit.

JULIETTE.

M. Revillod était très gourmand...

FÉLIZET.

Ah! Comme moi...

JULIETTE.

Je lui faisais des petits plats.

FÉLIZET.

C'était un veinard!

JULIETTE.

Il ne se plaignait pas. (A Auguste.) Vous avez monté du Beaune, Auguste?

AUGUSTE.

Oui, madame... celui de 83... celui qu'aimait tant ce pauvre monsieur.

Il verse un petit verre à Félizet.

FÉLIZET, goûtant.

Il avait bon goût... Il était connaisseur en vins...

JULIETTE, doucement.

Il était connaisseur en tout.

FÉLIZET, galant, la regardant.

Je m'en aperçois!

EDMOND, brusquement.

Avez-vous faim, monsieur Félizet?

FÉLIZET.

Ma foi non... Et je le regrette. En t'attendant, dans cette pâtisserie, j'ai mangé sans y faire attention un tas de petits gâteaux. J'étais distrait...

EDMOND, riant.

Ah! oui, par la jeune rousse!

FÉLIZET, gêné.

Mais non! mais non!

EDMOND.

Mais si, mais si! (A Juliette.) Une jeune personne qui a fait sur Félizet une impression énorme! (Félizet lui fait signe de se taire. Insistant à dessein.) Il voulait même l'inviter à dîner. (Nouveaux signes.) Pourquoi me faites-vous signe de ne pas le dire? Il n'y a pas de mal!

FÉLIZET, irrité, gêné.

C'est inutile devant madame!

JULIETTE.

Oh! moi... Alors cette jeune fille vous a fait une si vive impression?...

FÉLIZET.

Si vive ?... pas du tout... Oh ! là ! là !... (Galant.) Et dès que vous êtes entrée ici elle s'est effacée, elle n'a plus existé. Je n'en ai gardé aucun souvenir...

EDMOND, riant faux.

Hé! hé! Mais riez donc, Juliette. C'est une déclaration!

JULIETTE.

Alors pourquoi rirais-je ? Je la reçois comme elle m'est faite. Est-ce sérieusement?

FÉLIZET, emballé.

C'est sérieusement !

JULIETTE.

Alors, je la reçois sérieusement!

EDMOND.

Vous allez vite! vous allez vite...

JULIETTE.

Voilà comme nous sommes!... (Ingénument.) Pourquoi me donnez-vous des coups de genou sous la table, Edmond?

EDMOND, rageant.

C'est une crampe... une satanée crampe... (A Auguste qui veut lui verser du Beaune.) Hé! non, sapristi!... Vous savez bien que je ne bois que de l'eau.

FÉLIZET.

Quelle jeunesse!..

JULIETTE.

Ah! la jeunesse a du bon!

FÉLIZET.

L'âge mûr aussi!

JULIETTE.

C'est tout à fait mon avis, cher monsieur. (A Edmond avec sollicitude.) Edmond mon ami, ça vous reprend?.. Maintenant, c'est mon pied que vous écrasez. Cela me fait assez mal. (Un temps.) Ainsi donc, monsieur Félizet vous allez dépenser vos économies... de tous les côtés... les jeter par les fenêtres...

FÉLIZET, protestant.

Mais non!... mais non!... Il est certain que d'abord j'ai pensé à jeter ma gourme...

EDMOND, ricanant.

Oh! sa gourme... ce bébé!...

JULIETTE.

Voyons, Edmond, laissez donc parler monsieur Félizet!

FÉLIZET, avec importance.

Oui, laisse-moi parler... Mais ces folies, en tous cas, n'auraient eu qu'un temps. Il a toujours été dans mes plans... j'y ai songé souvent, même du vivant de ma femme... surtout du vivant de ma femme... de fixer ma vie...

JULIETTE.

En vous remariant?

FÉLIZET, plaintif.

Oh! madame, vingt-cinq ans de ménage!... Vous ne voudriez pas que je recommence. D'ailleurs la prudence me conseillerait à mon âge d'épouser une femme mûre; mon goût naturel d'en épouser une fort jeune, et je sais, dans ce cas, ce qui m'arriverait...

EDMOND.

Oh! ça vous arriverait!

JULIETTE.

Pourquoi ?

FÉLIZET, à Juliette.

Vous me flattez ! Je n'en courrai pas le risque... Non. Ce que je cherche et ce que je veux trouver à Paris, c'est une femme qui soit jeune et pourtant sérieuse... qui soit jolie mais pas éclatante, gaie et pas trop gaie, dévouée et pas encombrante, qui ait déjà de l'expérience, mais qui ne s'en serve pas pour me rouler... qui m'aime bien, mais pas trop... une femme enfin qui sera avec moi, comme si je l'épousais, mais que je n'épouserais pas !...

EDMOND, qui l'a écouté avec stupeur.

Dites donc, dites donc... vous ne m'avez jamais fait part de ce projet-là.

FÉLIZET.

Tu ne m'as rien demandé. Et quand même, je ne t'en aurais peut-être rien dit. Ce sont là choses sérieuses sur lesquelles je reste fermé. Je m'ouvre quand j'ai confiance. Toi, tu te moques de moi. Madame s'intéresse à moi. Et je vois ça.

JULIETTE.

Vous voyez juste... Seulement, vous savez, ça ne court pas les rues, une femme comme celle que vous dépeignez là...

FÉLIZET.

Je sais bien... mais en cherchant... (Regardant Juliette.) Vous... vous trouverez peut-être...

JULIETTE, songeuse.

Peut-être... En tous cas, j'y songerai. (Tête d'Edmond.) Voyez-vous, mon cher Félizet, ce qu'il faut éviter avant tout, c'est de tomber sur une petite femme très roublarde qui aura l'air d'être tout ce que vous voudrez qu'elle soit et qui ne sera rien du tout qu'une petite rouleuse qui vous roulera... Ah! c'est qu'il y en a...

FÉLIZET.

Je sais bien qu'il y en a!

EDMOND, vivement.

Mais il y en a aussi beaucoup d'autres... Il y a tant de femmes, à Paris... tant de femmes!... Si j'ai un conseil à vous donner, mon brave monsieur Félizet, c'est de ne pas vous presser. Ne vous pressez pas. Faites votre choix. Et essayez, essayez beaucoup! Si vous tombez sur une petite rosse, vous le verrez bien...

JULIETTE.

Il le verra. Mais peut-être trop tard. Il y a tant de femmes qui cachent longtemps leur jeu.

EDMOND, lui montrant le poing à la dérobée et rageant.

Oh! ça c'est vrai. Il y en a!... Y en a-t-il des petites rosses!...

Juliette par-dessus la tête de Félizet fait un pied de nez à Edmond. Félizet relève la tête. Tous deux reprennent une attitude naturelle.

JULIETTE.

Et il tiendra peut-être autant après à une petite rosse qu'à une autre... Ça se voit, ça!... Bref, si j'ai un conseil à vous donner...

EDMOND, interrompant avec vivacité.

Mais vous n'en avez pas... Vous ne le connaissez pas après tout M. Félizet. C'est mon ami à moi. C'est le vieil ami de la famille, de la mienne, pas de la vôtre. Vous êtes d'une indiscrétion... Il ne vous demande pas de conseils...

FÉLIZET.

Je vous en demande, madame!

JULIETTE, à Edmond.

Vous voyez!... (Edmond retombe accablé.) Hé bien, mon conseil, c'est de ne vous adresser qu'à une femme dont la vie passée, vous sera une garantie...

EDMOND, éclatant.

Ça, c'est transparent!

JULIETTE.

Qu'est-ce que vous dites?

EDMOND.

Je dis que ça c'est transparent et que... et que...

JULIETTE.

Mon Dieu! voilà mon pauvre Edmond qui devient fou! quelle soirée!...

EDMOND.

Ah! oui, quelle soirée!...

JULIETTE, reprenant.

... Une garantie de désintéressement... presque complet et d'honnêteté dans les affaires d'amour. Seulement, dame, les femmes de ce genre on les compte; elles sont rares; et pour les avoir, il faut les mériter. Les méritez-vous?

Un petit silence.

FÉLIZET.

Je ne sais pas, moi... Vous m'intimidez...

EDMOND.

A la bonne heure! Vous voyez, il n'ose pas même dire qu'il les mérite!

FÉLIZET.

Je n'ose pas le dire. Mais je le crois.

JULIETTE.

Nous allons le savoir... Si je vous interroge, me répondrez-vous avec sincérité?

FÉLIZET.

Comme un enfant à confesse!

EDMOND, rageant.

Un interrogatoire à présent! Ah! c'est tordant! c'est tordant!

JULIETTE, sévèrement.

Edmond, vous commencez à m'ennuyer!

EDMOND.

Ah! ce que je m'en fiche de vous ennuyer. Ce que je m'en fiche!

JULIETTE, menaçante.

Nous nous fâcherons!

EDMOND, menaçant.

Oui, nous nous fâcherons, nous nous fâcherons!

FÉLIZET, conciliant.

Voyons, voyons...

EDMOND, avec colère.

Ah! vous!...

FÉLIZET.

Jouons à ce petit jeu-là! Posez vos questions!

JULIETTE.

La première... Je pose celle-ci d'abord parce

qu'elle a son importance... oh! ne l'exagérons pas... et puis pour n'avoir plus à y revenir! Vous avez une certaine fortune?

EDMOND.

Peuh!

FÉLIZET.

Tu dis peuh!... (Orgueilleusement.) Ma maison vendue... j'ai des propositions... soixante mille de rentes!

EDMOND.

Ce n'est pas énorme.

JULIETTE.

C'est suffisant... Mais la richesse n'a qu'une importance relative. Seriez-vous... généreux, avec une femme qui serait... raisonnable?

EDMOND.

Non!

FÉLIZET.

Je ferais ce qu'il faudrait faire... Mon amie sera mon premier luxe... à charge pour elle de me procurer les autres et tous les agréments...

EDMOND.

Vous ne seriez pas à la hauteur!

FÉLIZET.

Je serai à celle qui conviendra... Il est certain que je ne donnerai pas trente mille francs par an, à la petite rousse de la pâtisserie. (Regardant Juliette.) Je les donnerais peut-être à une autre qui occuperait une certaine situation...

EDMOND, furieux.

Ça aussi, c'est transparent!... (Un temps. Juliette le regarde sévèrement. Il change de ton.) Oui, enfin, vous êtes comme les autres. Vous donneriez de l'argent à celles qui ont de l'argent, rien à celles qui n'ont rien.

FÉLIZET.

Je donnerais selon les besoins... et selon les rapports.

EDMOND.

Commerçant!

FÉLIZET, digne.

En dehors des affaires, je suis gentleman!

JULIETTE.

Bien! (Un temps.) Mais cette question, encore une fois, n'aurait qu'une importance relative pour la personne que vous cherchez. Il ne faudrait pas que ce soit une femme d'argent. Le caractère, maintenant voilà qui est plus sérieux! Le vôtre?

EDMOND, vivement.

Détestable! Il vous a dit lui-même qu'il n'a jamais pu s'entendre avec sa femme.

FÉLIZET, simplement.

Oui, mais c'était ma femme... Elle ne pouvait d'ailleurs s'entendre avec personne.

JULIETTE.

Et les hommes ont le caractère que leur font les femmes... Si celle qui vous choisira... (Se reprenant.) que vous choisirez, est intelligente, elle vous rendra heureux et vous fera le caractère qui conviendra! Mais voilà, lui serez-vous fidèle?

FÉLIZET, modeste.

A mon âge...

EDMOND.

Oh! vous avez fait des économies!

JULIETTE.

C'est à votre âge qu'on est souvent coureur... Si vous êtes coureur...

EDMOND.

Il l'est! Il l'est! C'est un vieux polisson!

FÉLIZET, *furieux.*

Hé! là!...

EDMOND.

Ce n'est pas pour vous fâcher, ce que je dis! Mais c'est la vérité... Il me supplie depuis vingt-quatre heures de le mener chez des petites... hé! hé!

FÉLIZET, *furieux.*

Tu n'as pas besoin de dire cela!

EDMOND.

Il n'y a pas de mal, voyons!

FÉLIZET.

Si je te l'ai demandé, c'était en attendant... Et je ne te le demande plus!

JULIETTE.

Cette dame ne supporterait aucune incartade. Sans être trop jalouse, elle veillerait sur vous!

EDMOND.

Elle aurait à faire!

FÉLIZET.

Elle aurait raison... Quant à moi je ne voudrais pas qu'on me rendît ridicule...

JULIETTE.

Naturellement!

FÉLIZET.

Ni qu'on donnât à un autre ce qui m'appartient.

EDMOND.

Propriétaire!

FÉLIZET.

Mais je ne suis pas soupçonneux. J'aime à vivre tranquille. Quand je suis heureux, je suis confiant. Et je n'irai pas moi-même à la recherche d'inquiétudes qui empoisonnent la vie!

JULIETTE.

Vous êtes un sage!

FÉLIZET.

Je suis brave homme... du moins je le crois. Et j'aimerais bien une gentille amie qui m'aimerait!

JULIETTE, sérieuse.

J'en suis sûre. Cela suffit, mon cher Félizet. Je suis édifiée.

FÉLIZET.

Hé! bien?

JULIETTE, évasive.

Je penserai, je réfléchirai et je vous trouverai peut-être...

EDMOND, se levant, furieux.

Non, non!

JULIETTE.

On verra... (A Auguste.) Les bols, Auguste! (A Félizet.) Une tasse de camomille?

FÉLIZET.

Avec joie! (On se lève de table.) J'ai parfaitement dîné!... Quelle charmante femme vous êtes!

EDMOND, maussade.

Allez, c'est ça, allez! Ne vous gênez donc pas?

FÉLIZET.

Pourquoi me gênerais-je?

EDMOND.

Mais...

JULIETTE.

Oui, pourquoi ?..

EDMOND, contraint.

Pour rien! (Juliette passe devant lui, bas.) Petite rosse! Petite rosse!

JULIETTE, gaîment, haut.

Ah! cet Edmond!

FÉLIZET, au moment où elle passe devant lui, humant.

A la bonne heure! voilà des parfums... discrets... suaves...

JULIETTE.

Vous vous y connaissez?

FÉLIZET.

C'est dans la parfumerie que j'ai fait ma fortune. Je les reconnais tous. Et je peux les appeler par leurs noms, même leurs petits noms... ceux de leurs fabricants. Où prenez-vous les vôtres?

JULIETTE.

J'en ai de toutes les marques. Devinez.

FÉLIZET.

Soit! Parions que je ne me trompe pas!

JULIETTE.

C'est cela. Parions. Une discrétion!

EDMOND, contrarié.

Ce pari est idiot!

JULIETTE.

Il est drôle!

FÉLIZET, avec conviction.

Très drôle. Je commence. (Il lui prend la main, la respire. Sans hésitation.) Honbigaut!

JULIETTE, souriant.

C'est bien ça!

EDMOND, irrité.

Bon! ça suffit. Nous sommes convaincus!

JULIETTE.

Mais non!

FÉLIZET, très animé.

Mais non! (Il hume les cheveux près du cou. Edmond frappe du pied et donne les marques d'une colère violente. Après un léger temps.) De la violette... Pinaud!

EDMOND, le prenant par le bras.

Ça suffit!

FÉLIZET, enthousiasmé.

Mais non! (Il se penche vers le corsage un peu décolleté de Juliette. Edmond lui donne de violentes saccades en le tirant par le bras, mais il résiste. — Un temps beaucoup plus long. D'une voix émue.) Guerlain!.. Oh! je vais continuer...

EDMOND, hors de lui.

Essayez un peu!.. Essayez!

JULIETTE.

Non, c'est assez pour aujourd'hui!.. Vous avez du nez... Pourquoi riez-vous?

FÉLIZET, riant.

Parce que Guerlain... je l'ai reconnu tout de suite... mais je ne l'ai pas dit tout de suite!

EDMOND, éclatant.

Dégoûtant!.. Vous êtes dégoûtant! Voilà ce que vous êtes!

FÉLIZET, révolté.

Ah! mais dis donc!

EDMOND, hors de lui.

Vous êtes dégoûtant... Vous vous conduisez comme... comme... A-t-on jamais vu cela !.. Je vous emmène dîner chez une personne que vous ne connaissez pas. Et une demi-heure après, vous voilà le nez fourré dans son corsage!.. A-t-on jamais vu cela!... Et je ne dis rien à la personne, mais...

JULIETTE.

Vous faites bien... Cette personne ne supporterait aucune observation. Elle sait se conduire. Si je trouvais que Félizet avait dépassé les bornes d'une galanterie permise, j'aurais bien su le lui dire moi-même.

EDMOND.

Pourquoi alors ne le lui dites-vous pas?

JULIETTE.

Parce que je ne trouve pas... Et surveillez votre attitude, mon cher Edmond. Elle est extraordinaire. A vous voir, à vous entendre, on pourrait croire que vous avez des droits à vous montrer jaloux de moi.

EDMOND.

Que j'ai des droits !

FÉLIZET, un peu alarmé.

Oui, on pourrait croire...

JULIETTE, doucement.

Vous voyez... Et alors vous me forceriez à dire que vous n'en avez pas!

FÉLIZET, joyeux.

Ah!

EDMOND, assommé.

Que je n'en ai pas?.. Vous diriez cela!

JULIETTE.

Certainement je le dirais... Pourquoi pas?

EDMOND, éclatant.

Parce que... parce que... (Neuf heures sonnent. Brusquement calmé. — Inquiet.) Hé?

JULIETTE, tranquillement.

Neuf heures... Votre rendez-vous!

EDMOND.

Sapristi... je suis en retard!

JULIETTE.

Non... mais il était temps...

EDMOND.

Sapristi!.. Allons, vite Félizet, venez!

FÉLIZET, qui a été s'asseoir.

Où?

EDMOND.

Nous nous en allons!

FÉLIZET, sans entrain.

Au froid, comme cela, tout de suite, après le dîner... Ce serait bien mauvais pour moi... Et où t'attendrai-je d'abord pendant ta conférence?

EDMOND.

Où vous voudrez! Au café!..

FÉLIZET, avec dégoût.

Au café!.. (Avec espoir.) J'aimerais mieux t'attendre ici... si madame, toutefois le permettait...

JULIETTE.

Mais bien volontiers, monsieur Félizet!

EDMOND, hors de lui.

Vous avez la prétention de rester ici, après moi?

FÉLIZET.

Pourquoi pas? Tu as affaire dehors! Moi pas!

JULIETTE.

C'est juste!

EDMOND, se rasseyant, brusquement.

C'est bon! Je ne m'en vais pas!

JULIETTE.

Vous allez rater votre rendez-vous, Edmond... Une affaire aussi grave!

EDMOND.

Je m'en fiche un peu de mon rendez-vous et des affaires graves!

JULIETTE.

Vous savez que vous m'offensez. Vous avez l'air de supposer des choses...

EDMOND, narquois.

Oui? (Se rapprochant d'elle. — A mi-voix.) Pas celui-là! entendez-vous, pas celui-là. Je ne veux pas!

JULIETTE, haut.

Qu'est-ce que ça veut dire, ça?

EDMOND, à Félizet, suppliant.

Venez, monsieur Félizet, mon cher monsieur Félizet... (A demi-voix.) Nous irons voir des petites... des tas de petites...

FÉLIZET.

Non, non... Je n'y tiens pas. Je suis fatigué!...

Il s'assied.

EDMOND.

Vous me payerez ça, vous savez, vous me payerez ça!

FÉLIZET, se fâchant.

Mais quoi, à la fin, quoi? A-t-on jamais vu un gaillard pareil!.. Explique-toi.

EDMOND, rageant, regardant Juliette.

D'ailleurs tout ce qu'on me fait dans la vie, on me le paye... ou on me le payera.

JULIETTE, d'un air de vif intérêt.

Vraiment!

EDMOND.

Je vous le garantis... Ainsi, il y a une maison que je connais où je ne reficherai jamais les pieds!

JULIETTE.

Vous aurez bien tort. Je suis sûre que c'est là qu'on vous aime le mieux et que vous n'y avez que des amis.

EDMOND.

J'en ai trop.

FÉLIZET, timidement.

Je voudrais bien comprendre.

EDMOND, montrant Juliette.

On vous expliquera!

FÉLIZET.

Pourquoi te fâches-tu?

EDMOND.

On vous expliquera. (A Juliette.) J'y ai passé une soirée qui m'a rendu malade...

JULIETTE.

On vous y a peut-être guéri au contraire d'une maladie.

EDMOND.

On m'y a fait des choses!..

JULIETTE.

Pour votre bien sans doute, et on ne pouvait faire autrement!

EDMOND.

Je n'y reficherai pas les pieds! (Il prend son chapeau.) Tonnerre! neuf heures dix...

JULIETTE.

Dépêchez-vous!

EDMOND.

Je n'y reficherai pas les pieds; vous entendez!..

JULIETTE.

Jusqu'à demain!..

FÉLIZET, soucieux.

Je commence à comprendre...

JULIETTE.

Oh! je vous expliquerai!

EDMOND.

Une dernière fois, monsieur Félizet, vous ne voulez pas venir?

FÉLIZET, hésitant.

Mais...

JULIETTE, impérieusement.

Restez!

EDMOND, hors de lui.

C'est bien! c'est bien!.. c'est bien!.. Vous me le payerez! On me le payera! Tout le monde me le payera!

JULIETTE, qui l'a accompagné jusqu'à la porte.

Bon ! bon ! Couvrez-vous bien. Prenez garde d'avoir froid ! A demain !

EDMOND, ricanant.

Et ce deuil, ah ! ah !

JULIETTE, gravement.

Je suis en deuil pour tout le monde... A demain !..

EDMOND.

Vous verrez !

JULIETTE.

C'est cela... Au revoir.

Elle ferme la porte qui se rouvre aussitôt pour laisser passer la tête d'Edmond.

EDMOND.

Je n'y reficherai pas les pieds !

JULIETTE, riant.

Entendu !

SCÈNE V

FÉLIZET, JULIETTE.

FÉLIZET, soucieux.

Il est drôle...

JULIETTE, carrément.

Il n'est pas drôle ! Il est jaloux !

FÉLIZET.

Ah !

JULIETTE.

Et même pour un jaloux, il s'est montré assez raisonnable... Vous ne trouvez pas ?

FÉLIZET.

Non, je ne trouve pas. Il est sorti en nous montrant les poings.

JULIETTE.

Oh ! ça ne signifie rien... Entre nous, je puis vous le dire. Il m'avait fait des propositions avant votre arrivée. Il est amoureux de moi et m'offrait de m'entretenir.

FÉLIZET.

Lui ! Il n'a rien.

JULIETTE.

Peu de chose... Ça ne l'empêche pas de craindre tout le monde et d'être jaloux de ceux qui ont des chances, de vraies chances !..

FÉLIZET.

Jaloux... sans droits ?

JULIETTE.

Déjà défiant ?.. Prenez garde. Je vous observe, vous savez.

FÉLIZET.

Pardon... Je suis amoureux !

JULIETTE.

C'est vite... Rien ne va vite avec moi. J'ai oublié de vous dire qu'il fallait beaucoup de patience !.. (Changeant de ton. D'un petit air indifférent.) A propos d'Edmond, c'est tout de même un très gentil garçon que j'aime beaucoup ! Vous le verrez souvent ici, si vous y venez, je vous en préviens !..

FÉLIZET, contrarié.

Ah!

JULIETTE, rappelant sa phrase.

« Quand je suis heureux, je suis confiant! » Hé?

FÉLIZET.

Rendez-moi heureux.

JULIETTE.

Attendez, attendez!.. Il faut que je vous étudie, que je vous connaisse. D'ailleurs en ce moment, je suis en deuil. Je ne suis pas une femme, je suis une veuve!

FÉLIZET.

Juliette, je vous aime!

JULIETTE.

Pas encore. Mais vous m'aimerez... Pour le moment je vais vous dire ce que vous avez?

FÉLIZET.

Qu'est-ce que j'ai?

JULIETTE, avec autorité.

Comme beaucoup de braves gens, après le dîner, le soir d'un voyage, vous avez sommeil.

FÉLIZET, protestant mollement.

Oh! (Un temps.) En tous cas...

JULIETTE, gentiment lui montrant un fauteuil.

Mettez-vous là!.. (Il s'installe dans le fauteuil avec un soupir las. Lui mettant un coussin sous la tête.) Là! Etes-vous bien?

FÉLIZET, engourdi.

Très bien... trop bien... Je ne veux pas dormir...

JULIETTE.

Hé! bien, ne dormez pas. (Elle le regarde en souriant

avec joie.) Je suis contente... je ne peux pas vous dire comme je suis contente de vous voir là, dans ce fauteuil! (Un temps. Songeuse.) Je lui lisais le *Temps*. Aimez-vous qu'on vous lise le *Temps*?

FÉLIZET, bâillant.

Non, moi, c'est les *Débats*.

Il tire le journal de sa poche.

JULIETTE, enchantée.

Je vais vous lire les *Débats*... Si, si, ça me fait plaisir...

Elle ouvre les *Débats* et commence à lire d'une voix monotone. A la troisième phrase il s'endort. Elle s'interrompt, le regarde, amusée, attendrie. La porte s'ouvre brusquement. Edmond reparaît. Elle lui montre d'un signe Félizet endormi. Il paraît rassuré et satisfait. Elle lui envoie un baiser par dessus la tête de Félizet, met un doigt sur la bouche. Il se retire doucement en lui faisant de petits signes, referme lentement la porte.

Rideau.

Imprimerie générale de Châtillon-sur-Seine. — A. Pichat.

A LA MÊME LIBRAIRIE

L. MARSOLLEAU ET M. SOULIÉ

Le Roi Galant, comédie dramatique en 4 actes, en vers. 2.25

BERR DE TURIQUE

Le Maroquin, comédie en 3 actes. 2.25

A. BISSON & BERR DE TURIQUE

Les trois Anabaptistes, comédie en 4 actes 2.25

PIERRE WOLFF

Le Secret de Polichinelle, comédie en 3 actes. 2.25

Le Cadre, comédie en 3 act. 2.25

E. DAUDET ET H. CAIN

La Citoyenne Cotillon, comédie dramatique en 5 actes et 6 tableaux. 2.25

ROBERT DE FLERS ET G.-A. DE CAILLAVET

Les Sentiers de la Vertu, comédie en 3 actes 2.25

Le Cœur a ses raisons, comédie en 1 acte. 1.50

E. GRENET-DANCOURT

Les Gaîtés du Veuvage, comédie en 3 actes 2.25

L'Assassinée, comédie en 4 actes 2.25

MAURICE LANDAY

Leur Gourme, pièce en 4 act. 2.25

AMBROISE JANVIER

Les Appeleurs, comédie en 3 actes. 2.25

LOUIS NOEL

Parlementaires, comédie en 4 actes et 5 tableaux . . . 2.25

LUCIEN GLEIZE

La Divine Emilie, comédie en 2 actes. 1.50

MAX MAUREY

L'Aventure, comédie en 2 act. 1.50

G. DE PORTO-RICHE

Les Malefilâtre, comédie en 2 actes. . . . . 2 »

ED. SÉE

L'Indiscret, comédie en 3 ac. 3.50

ANDRÉ PICARD

Bonne Fortune, comédie en 2 actes. . . . . 2 »

Le Protecteur, comédie en 1 acte 1.50

Monsieur Malézieux, comédie en 1 acte 1.50

TRISTAN BERNARD

Daisy, comédie en 1 acte. . 1.50

L'anglais tel qu'on le parle, comédie en 1 acte 1.50

ALBERT GUINON ET J. MARNI

Le Joug, comédie en 3 actes. 2.25

FÉLIX DUQUESNEL

La Peur, comédie en 1 acte. 1.50

ÉMILE VEYRIN

L'Embarquement pour Cythère, comédie lyrique en 4 actes en vers. 3.50

Imprimerie générale de Châtillon-s-Seine. — A. Pichat.

www.ingramcontent.com/pod-product-compliance
Ingram Content Group UK Ltd.
Pitfield, Milton Keynes, MK11 3LW, UK
UKHW021012220726
13924UKWH00002B/952

9 782019 915834